JEDER KANN MANGA UND ANIME MALEN

EINFACHES SCHRITT-FÜR-SCHRITT-ZEICHENTUTORIAL FÜR KINDER, JUGENDLICHE UND ANFÄNGER

Robby Bishop

INHALT

TIPPS FÜR ANFÄNGER:

1. DIE PROPORTIONEN DES KÖRPERS. IM ANIME IST DER KÖRPER DER FIGUREN SO GEBAUT, DASS ER IRGENDWIE IHRE STIMMUNG WIDERSPIEGELT. VERBESSERE DEINE FÄHIGKEITEN, UND DAS GIBT DIR DIE MÖGLICHKEIT, VÖLLIG ANDERE PROPORTIONEN ZU SCHAFFEN. AM ENDE WIRST DU VIELLEICHT DEINEN EIGENEN STIL FINDEN. SCHAUE DIR EINEN BELIEBIGEN ANIME-COMIC AN, UND DU WIRST SEHEN, WIE SICH DIE FORM DES KÖRPERS VERÄNDERT, SELBST BEI EIN UND DEMSELBEN HELDEN.

2. VON DER SKIZZE ZUM DETAIL. BEGINNE IMMER MIT EINER SKIZZE UND FÜLLE ERST DANN NACH UND NACH DIE ZEICHNUNG MIT DETAILS. WENN DU ANFÄNGST, KOMPLEXE BLENDEFFEKTE AUF DEINE AUGEN ZU ZEICHNEN, OHNE AUCH NUR DEIN GESICHT FERTIG GEZEICHNET ZU HABEN, KANN ES SEIN, DASS DAS AUGE AM ENDE GAR NICHT DA IST, WO ES GEBRAUCHT WIRD, UND DU MUSST ALLES AUSRADIEREN. LASS DIE BEMERKTEN FEHLER NIE UNBEACHTET, AUCH WENN IHRE KORREKTUR VIEL ZEIT IN ANSPRUCH NEHMEN WIRD, ODER WENN ALLES NEU BEGONNEN WERDEN MUSS!RICHTLINIEN UND SKIZZEN HELFEN DIR, DAS BESTE UND GENAUESTE ERGEBNIS ZU ERZIELEN.

3. UNTERSCHEIDUNGSMERKMALE VON HELDEN.ES KANN JEDEM COMICZEICHNER PASSIEREN, DASS DIE LESER DAS INTERESSE AN SEINEM WERK VERLIEREN. UND DAS NUR, WEIL SIE ALLE FIGUREN ZU ÄHNLICH FINDEN. JEDE FIGUR SOLLTE IHRE EIGENEN UNVERWECHSELBAREN MERKMALE HABEN, Z.B. IN BEZUG AUF HAARE, AUGEN, WUCHS ODER KLEIDUNGSSTIL (ES SEI DENN, NACH DER IDEE DES AUTORS SOLLTE ALLES UMGEKEHRT SEIN). ÜBERLEGE IM VORAUS, WELCHE FARBEN, FRISUREN UND ACCESSOIRES ZU DIESEM ODER JENEM HELDEN PASSEN. AUSSERDEM KANNST DU DAS BILD VERÄNDERN, INDEM DU EINEN INTERESSANTEN HINTERGRUND, DIE DEN HELDEN UMGEBENDEN ELEMENTE ODER DIE HANDLUNG HINZUFÜGST.

4. KONZENTRIERE DICH AUF EINEN SPIEGEL. STELLE EINEN KLEINEN SPIEGEL VOR DEIN BILD. DIES IST EINE GUTE MÖGLICHKEIT, DEINE FEHLER ZU ERKENNEN. DU WIRST FESTSTELLEN, DASS EINE SKIZZE, DIE DIR PERFEKT ERSCHIEN, IN WIRKLICHKEIT FEHLER HAT, WIE Z.B. SCHIEFE AUGEN ODER ANDERE ANATOMISCHE FEHLER. ARBEITE SO LANGE AN DEM BILD WEITER, BIS DU MIT DEM ERGEBNIS VOLLKOMMEN ZUFRIEDEN BIST.

5. DER WEIBLICHE KÖRPER. DIE LINIEN DES WEIBLICHEN KÖRPERS IM ANIME SIND IN DER REGEL SEHR GLATT UND SPIEGELN DAS WEIBLICHE SCHÖNHEITSIDEAL IN JAPAN WIDER.AUSGEPRÄGTE MUSKELN ODER AMAZONENMÄDCHEN SIND WENIGER ATTRAKTIV UND DAHER SELTENER ANZUTREFFEN. DIE TECHNIK, PRÄCHTIGE BRÜSTE HINZUZUFÜGEN, UM EINE JUNGE FRAU VON EINEM MÄDCHEN ZU UNTERSCHEIDEN, IST JEDOCH SEHR VERBREITET.

WIE MAN DIESES BUCH BENUTZT

DIESES BUCH BIETET EINE EINFACHE SCHRITT-FÜR-SCHRITT-ANLEITUNG ZUM ZEICHNEN. VIEL AUFMERKSAMKEIT WIRD DEM GESICHT UND DEN AUGEN DER FIGUREN GEWIDMET, DA DIES FÜR DIE MEISTEN ANIME-ANFÄNGER AM SCHWIERIGSTEN IST.

MAN BRAUCHT NUR EIN BLATT PAPIER UND EINEN NORMALEN BLEISTIFT. LIES DIE ANLEITUNG UND WIEDERHOLE ALLE SCHRITTE IN DEN ABBILDUNGEN.

1. ZEICHNEN SIE EINE VERTIKALE LINIE UND MARKIEREN SIE DIE OBER- UND UNTERSEITE. ZEICHNEN SIE NUN DIE UMRISSE DES KOPFES.

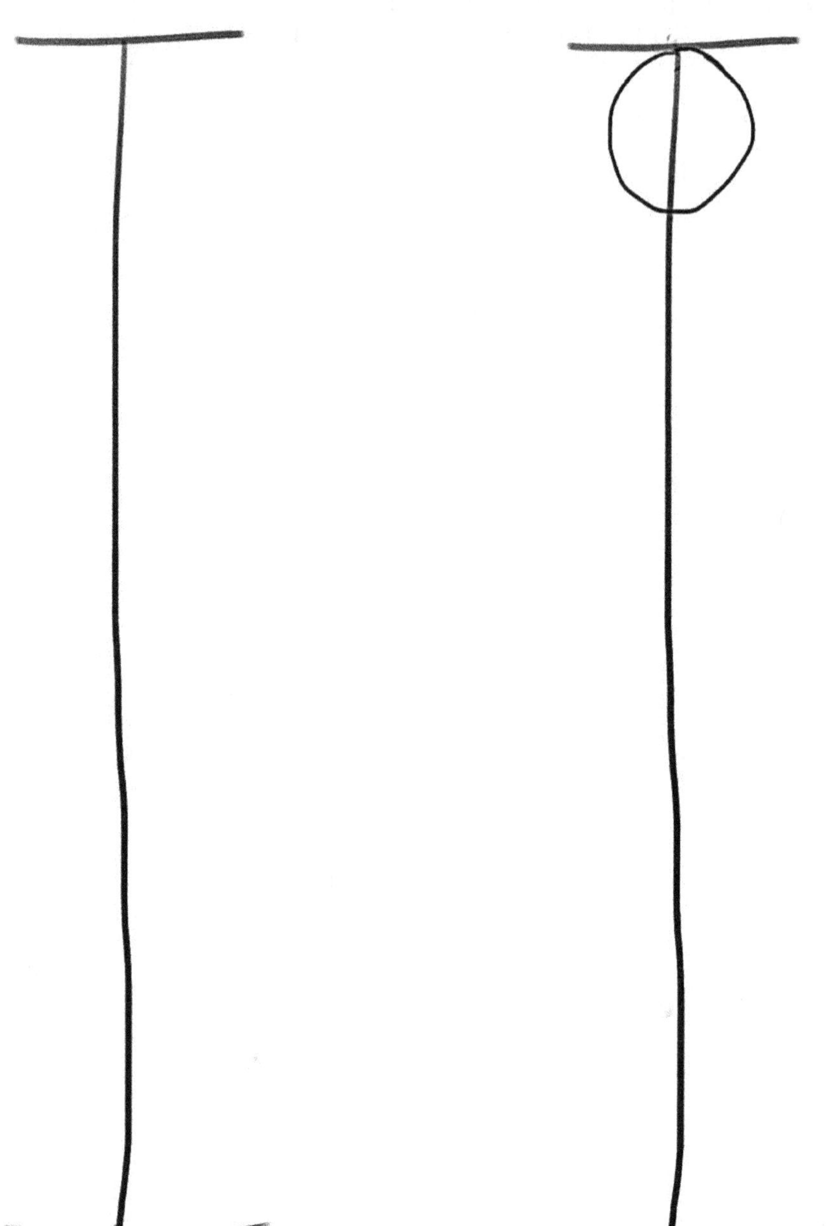

2. ZEICHNEN SIE EINE LINIE KNAPP UNTERHALB DER MITTE, WELCHE DIE HÜFTLINIE SEIN WIRD. ZEICHNEN SIE DEN HALS UND DIE SCHULTERN EIN.

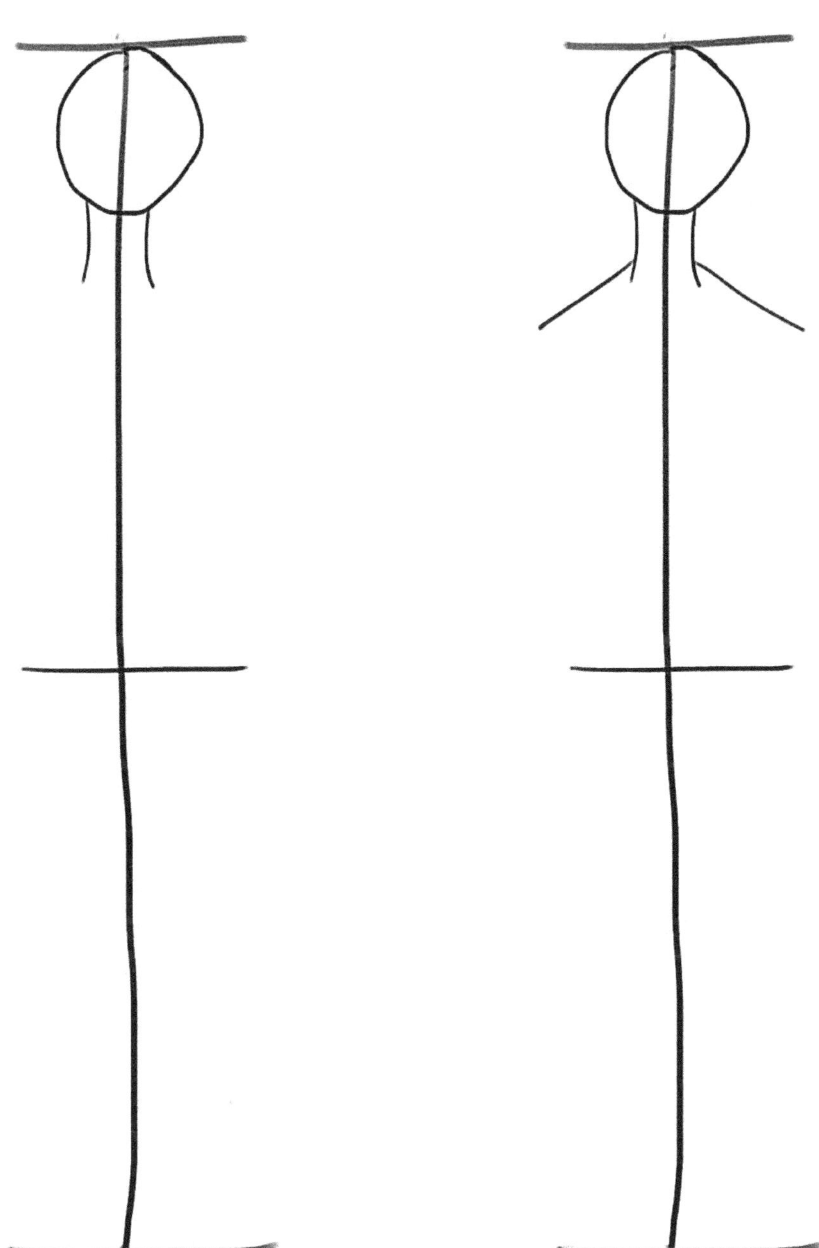

3. ZEICHNEN SIE DIE UMRISSE DES OBERKÖRPERS UND DER ARME. BEGINNEN SIE NUN MIT DEM ZEICHNEN DER BEINE.

4. BEENDEN SIE DAS ZEICHNEN DER BEINE UND STELLEN SIE DIE SCHUHE FERTIG.

5. RADIEREN SIE DIE VERTIKALE LINIE WEG UND ZEICHNEN SIE DIE UMRISSE DES HEMDES.

6. FÜGEN SIE DEM HEMD ÄRMEL, GÜRTEL UND FALTEN HINZU.

7. ZEICHNEN SIE DETAILS AN DEN SCHUHEN, FALTEN AN DER HOSE UND DANN DETAILS FÜR DAS GESICHT EIN. BEGINNEN SIE MIT DEM KINN, DANN MIT DEN HAAREN, UND DANN MIT AUGEN, NASE UND MUND.

8. FÄRBEN SIE IHR BILD NUN EIN.

1. ZEICHNEN SIE EINEN KREIS, UND FÜGEN SIE DANN NACH UND NACH DIE UMRISSE DES GESICHTS, DER HAARE UND DES HALSES HINZU. VERGESSEN SIE NICHT DIE BLUME IM HAAR.

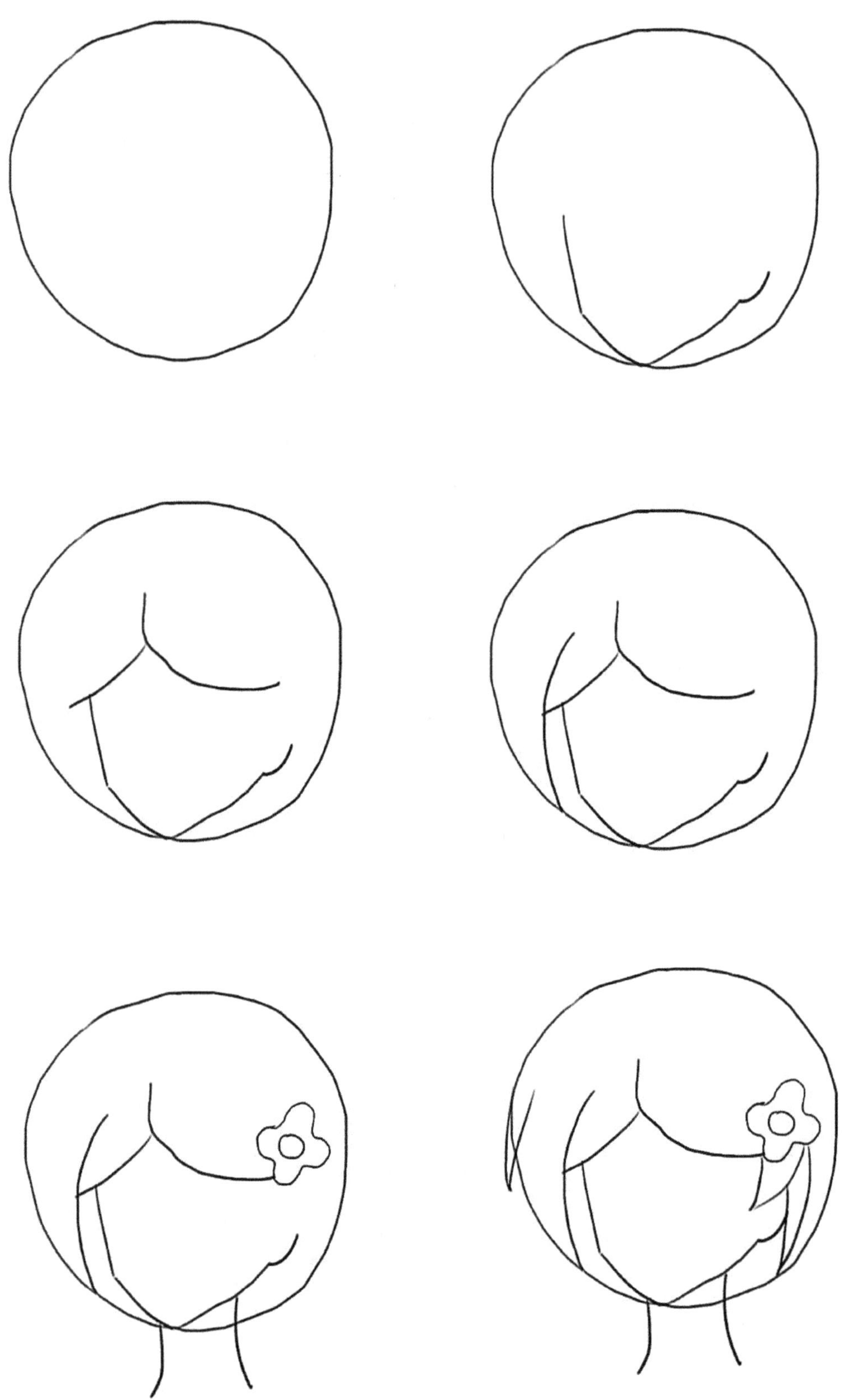

2. ZEICHNEN SIE DIE HAARE ETWAS DETAILLIERTER, RADIEREN SIE DEN KREIS WEG UND ZEICHNEN SIE EINEN KRAGEN.

3. ZEICHNEN SIE DIE BRUST, DIE HAARE AM HINTERKOPF UND FÜGEN SIE DANN DETAILS AUF DEM DEKOLLETÉ HINZU.

4. FÜGEN SIE DER KLEIDUNG FALTEN HINZU UND FÜGEN SIE DEN AUGEN DETAILS HINZU.

5. ZEICHNEN SIE DIE BRILLE.

6. FÜGEN SIE DER ZEICHNUNG SCHATTIERUNGEN HINZU. VERGESSEN SIE NICHT DEN HELLEN GLANZ AUF DEM SCHEITEL DES KOPFES.

1. ZEICHNEN SIE EINE VERTIKALE LINIE, ZEICHNEN SIE AN DER OBERSEITE, DER UNTERSEITE UND KNAPP UNTERHALB DER MITTE EINE LINIE, WELCHE DIE HÜFTLINIE IST. SKIZZIEREN SIE DANN DIE UMRISSE DES KOPFES.

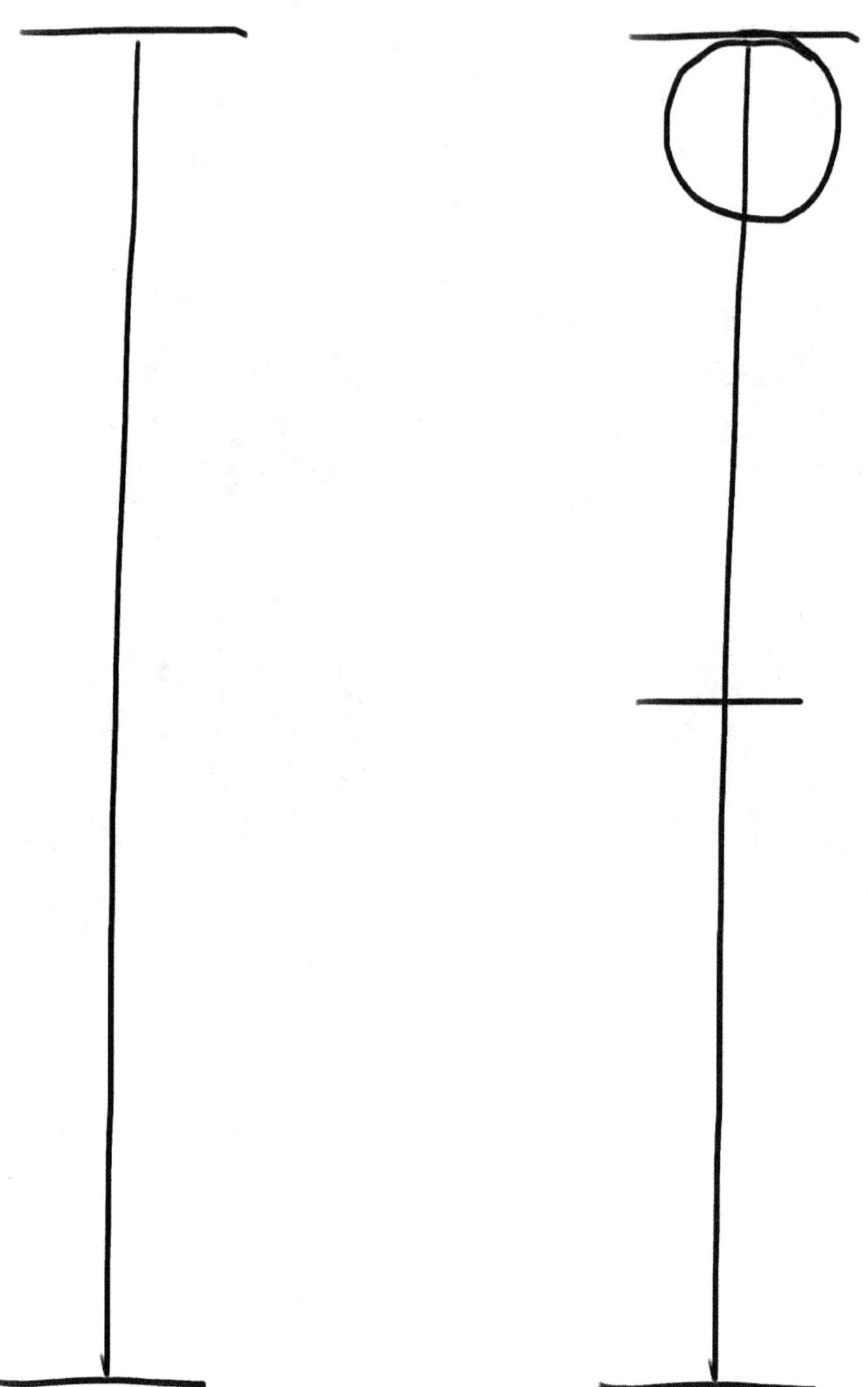

2. ZEICHNEN SIE DIE SCHULTERN UND DEN OBERKÖRPER.

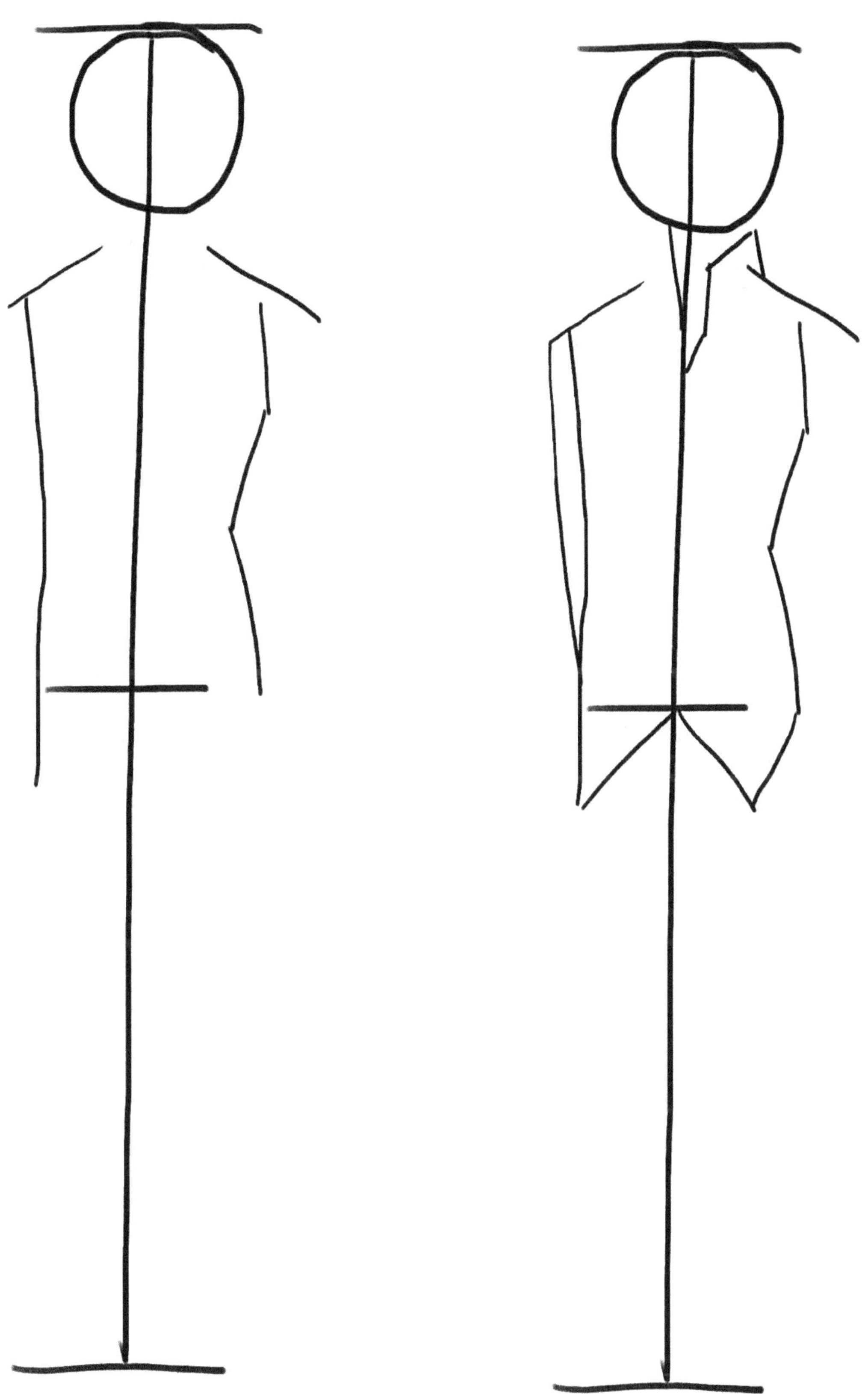

3. ZEICHNEN SIE BEINE UND SCHUHE.

4. RADIEREN SIE DIE VERTIKALE LINIE WEG UND ZEICHNEN SIE DANN DIE ARME.

5. ZEICHNEN SIE DIE HANDFLÄCHE. ZEICHNEN SIE NUN DEN KOPF - ZUERST DAS KINN UND DIE GESICHTSZÜGE, DANN DIE HAARE. VERGESSEN SIE DAS OHR NICHT.

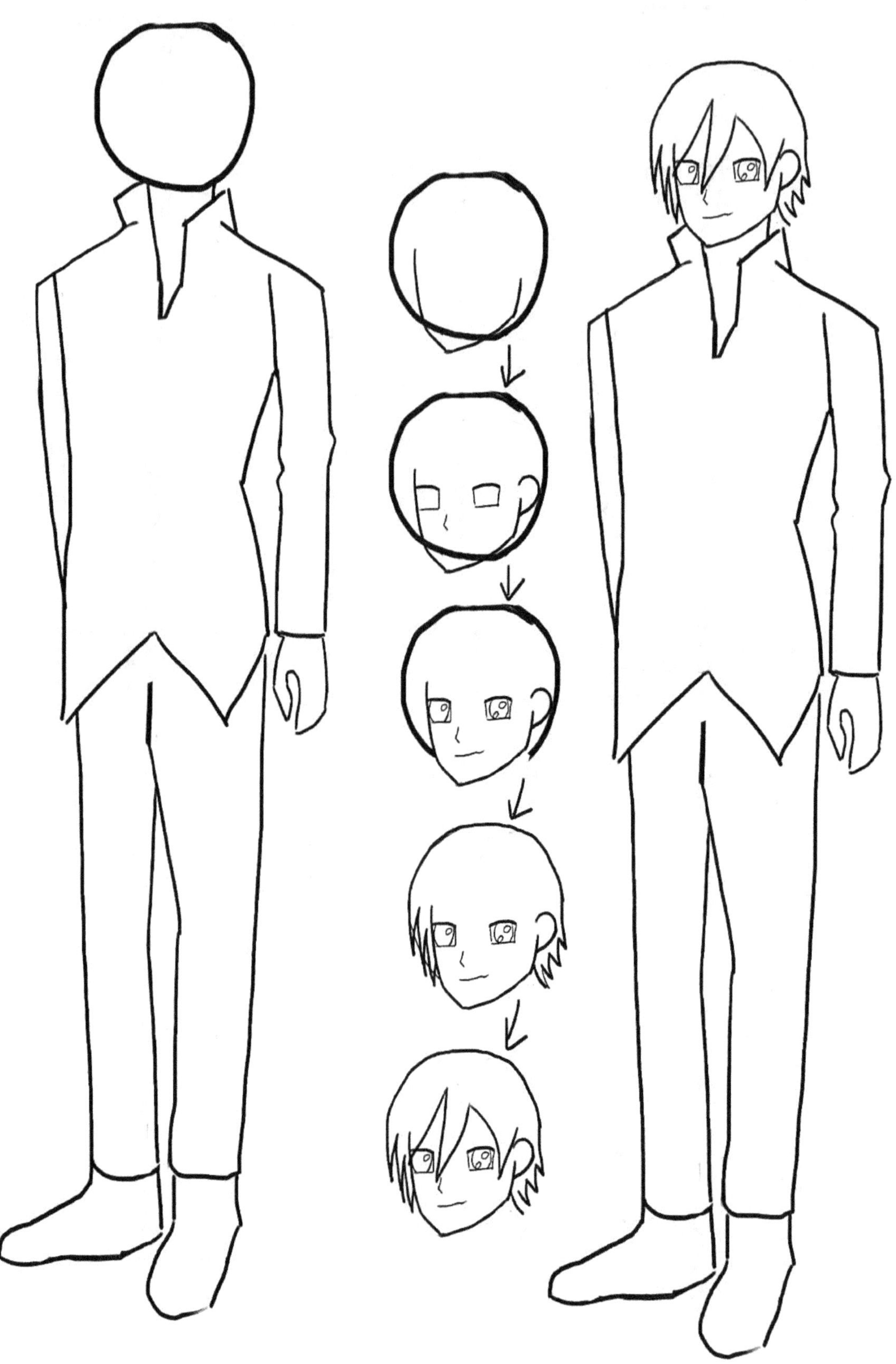

6. FÜGEN SIE ERST DIE DETAILS HINZU UND DANN DIE GLANZLICHTER.

7. MALEN SIE DIE ZEICHNUNG MIT EINEM BLEISTIFT AUS. DRÜCKEN SIE NICHT ZU FEST AUF DEN BLEISTIFT, WENN SIE DIE GLANZLICHTER MALEN, DIESE STELLEN SOLLTEN HELL BLEIBEN.

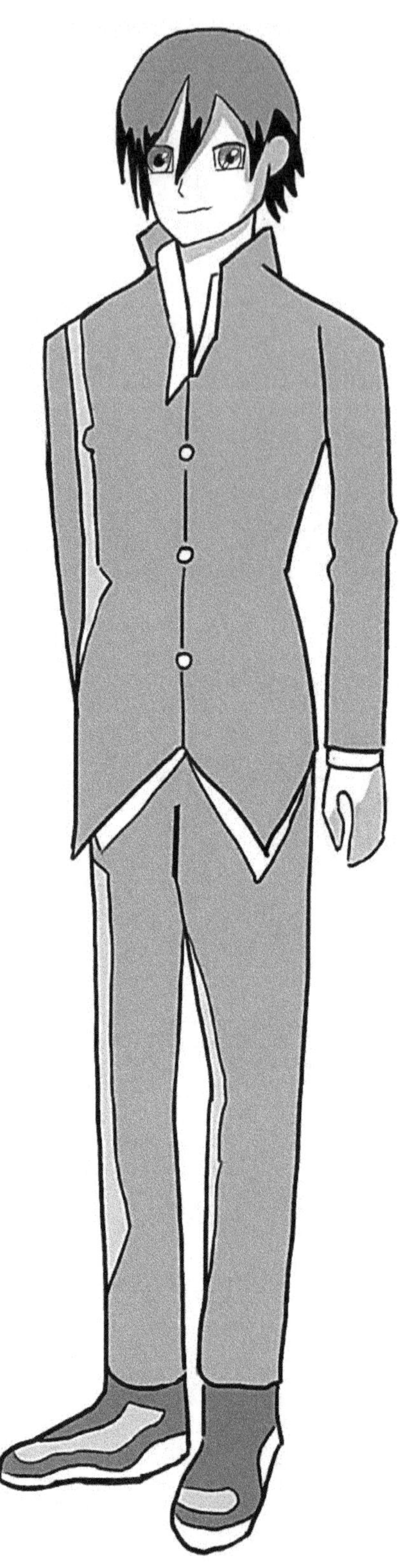

1. ZEICHNEN SIE DIE UMRISSE VON KOPF, OHR UND AUGENBRAUEN.

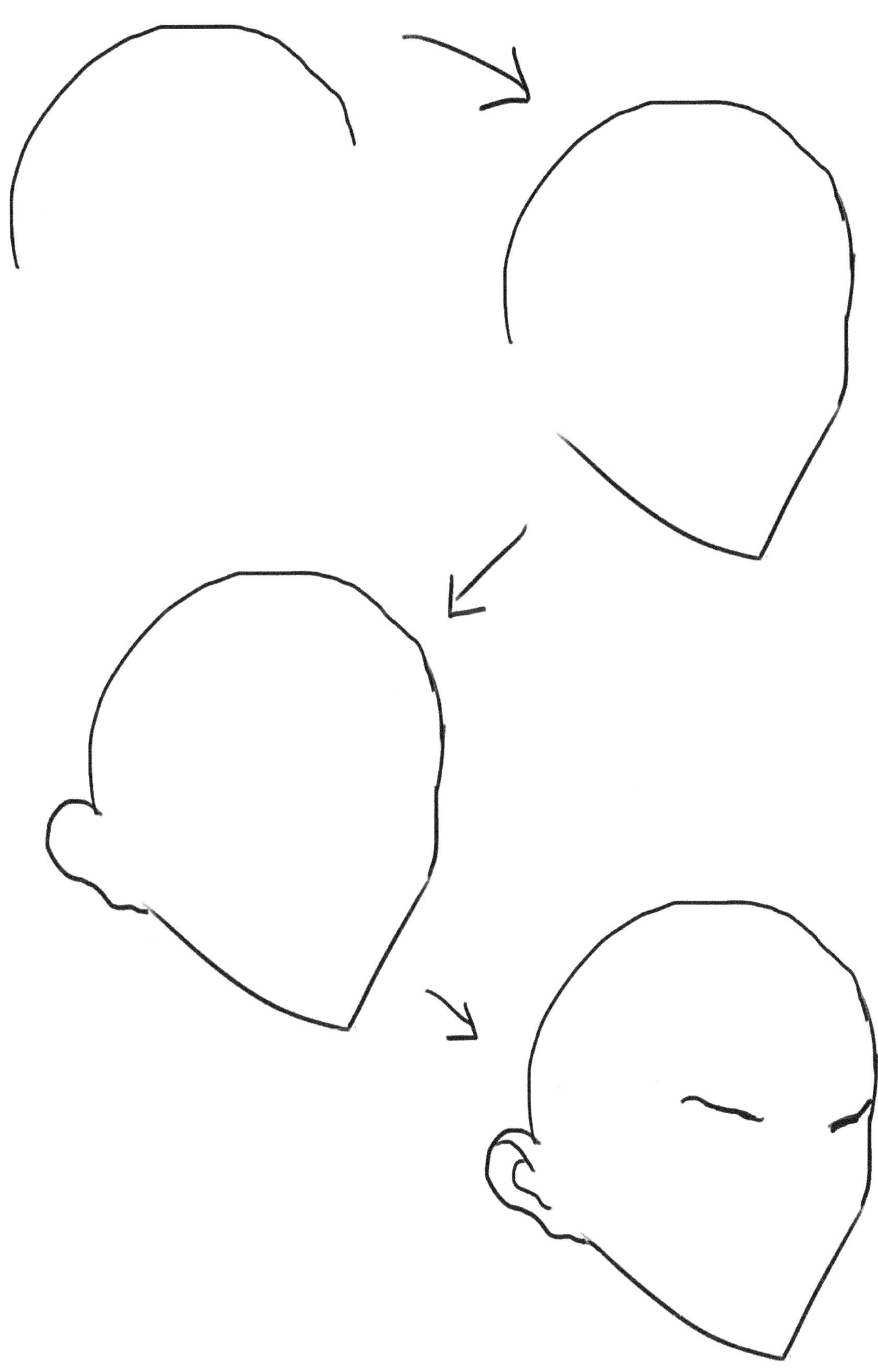

2. ZEICHNEN SIE HALS, AUGEN, NASE UND MUND.

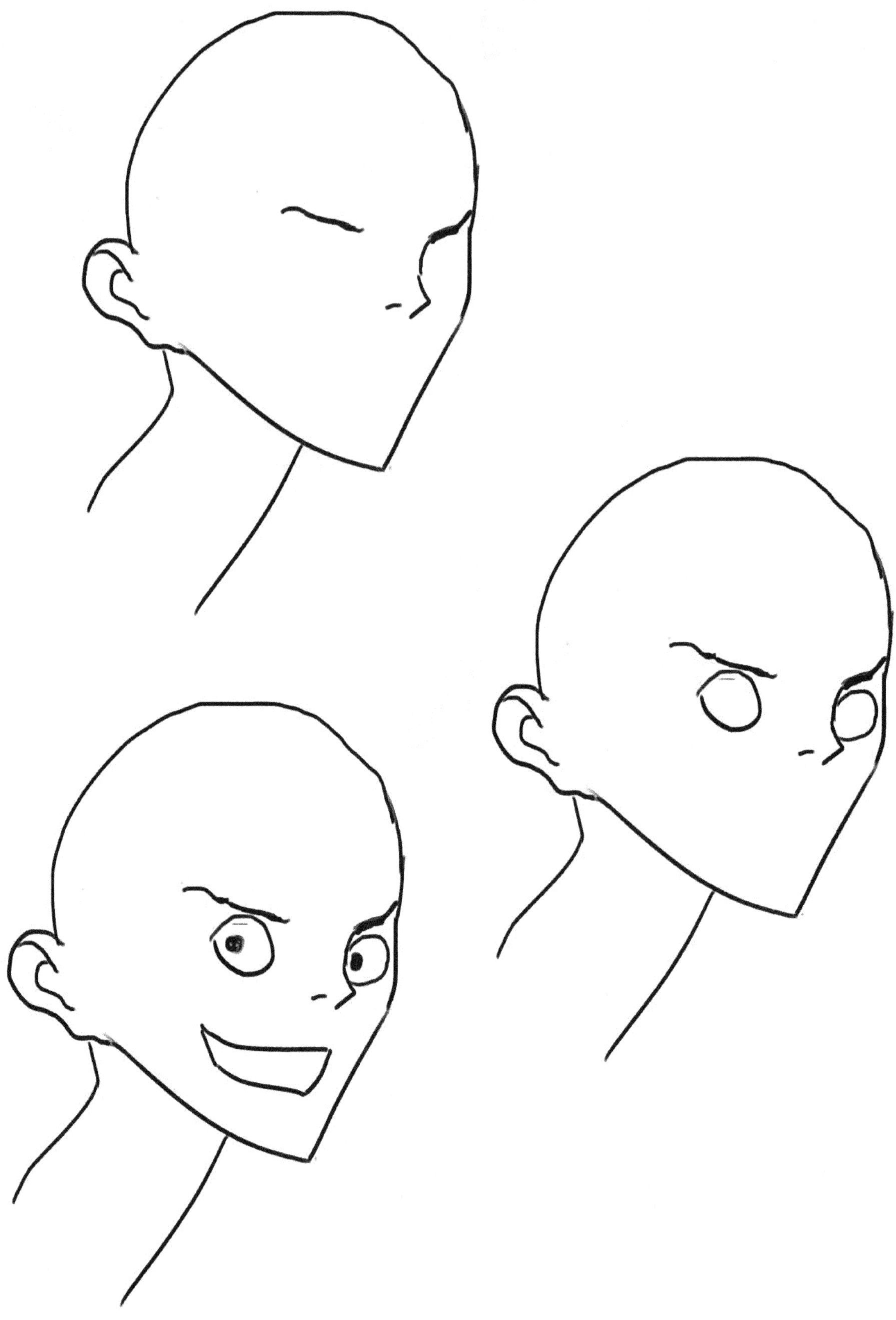

3. ZEICHNEN SIE ALS NÄCHSTES HAARE, ZÄHNE UND BRILLE.

4. RADIEREN SIE UNNÖTIGE LINIEN DES KOPFES WEG UND ZEICHNEN SIE DIE HAARE DETAILLIERTER.

5. ZEICHNEN SIE DEN KRAGEN.

6. FÜGEN SIE DEM HALS MUSKELN HINZU.

7. MALEN SIE DIE ZEICHNUNG FARBIG AUS.

1. ZEICHNEN SIE DIE UMRISSE DES GESICHTS, DER OHREN, DER HAARE, DANN DES HALSES UND DES DEKOLLETÉS.

2. FAHREN SIE MIT DER ZEICHNUNG DER BRUST UND DER HÜFTEN FORT.

3. STELLEN SIE VORSICHTIG DIE HAND FERTIG UND ZEICHEN SIE DIE HAARE.

4. ZEICHNEN SIE DIE UMRISSE DER SHORTS, FÜGEN SIE DETAILS AN DEN AUGEN HINZU UND ZEICHNEN SIE DEN MUND UND DIE HAARE.

5. ZEICHNEN SIE DIE SHORTS DETAILLIERTER.

6. ZEICHNEN SIE DIE BEINE UND BEGINNEN SIE NUN, HAARE HINZUZUFÜGEN.

7. FAHREN SIE MIT DEM ZEICHNEN DER BEINE FORT UND BEGINNEN SIE MIT DEM ZEICHNEN DER SCHUHE.

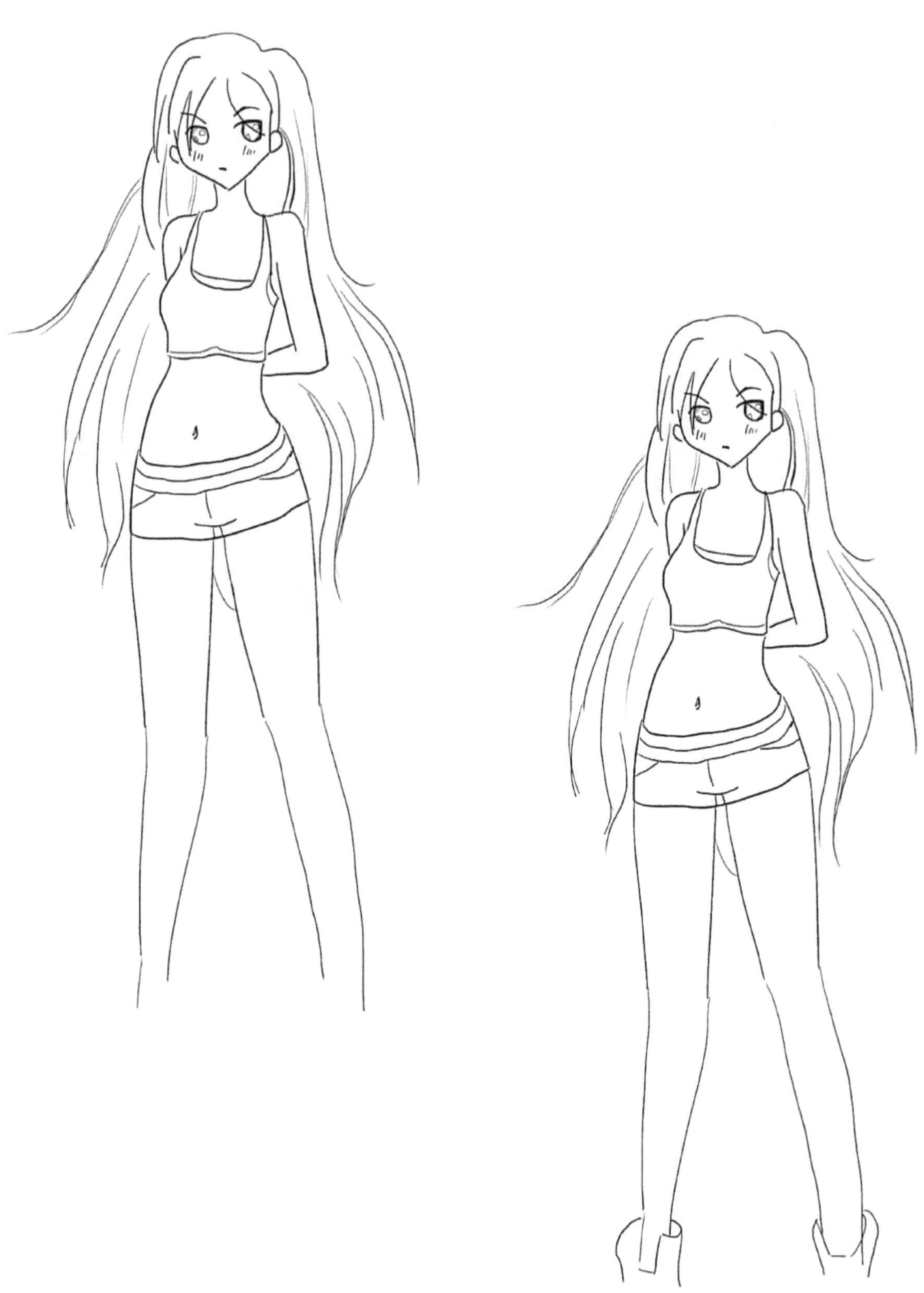

8. FÜGEN SIE DEN SCHUHEN EINIGE DETAILS HINZU.

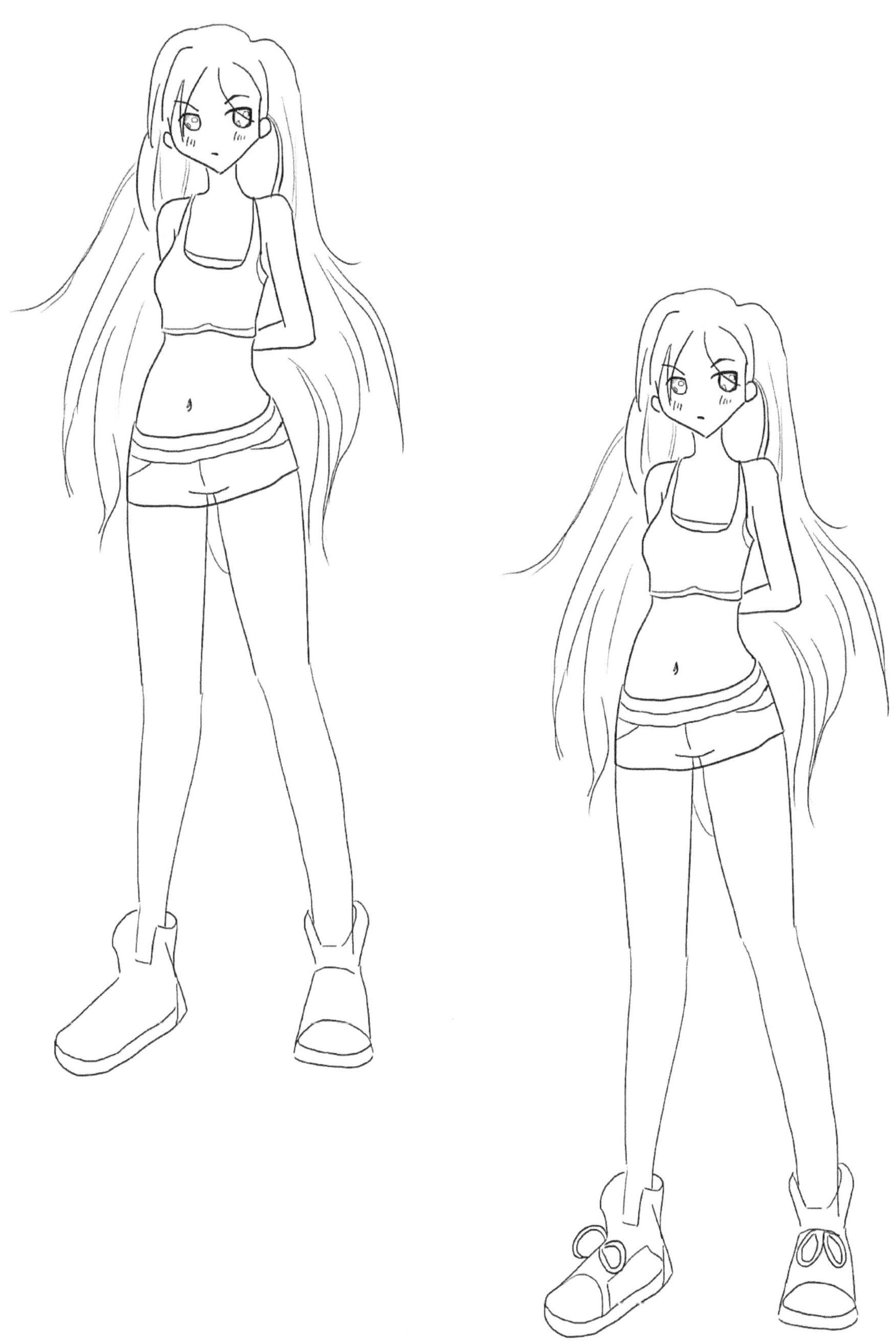

9. ZEICHNEN SIE EINE STRUMPFHOSE UND MALEN SIE DIE ZEICHNUNG AUS.

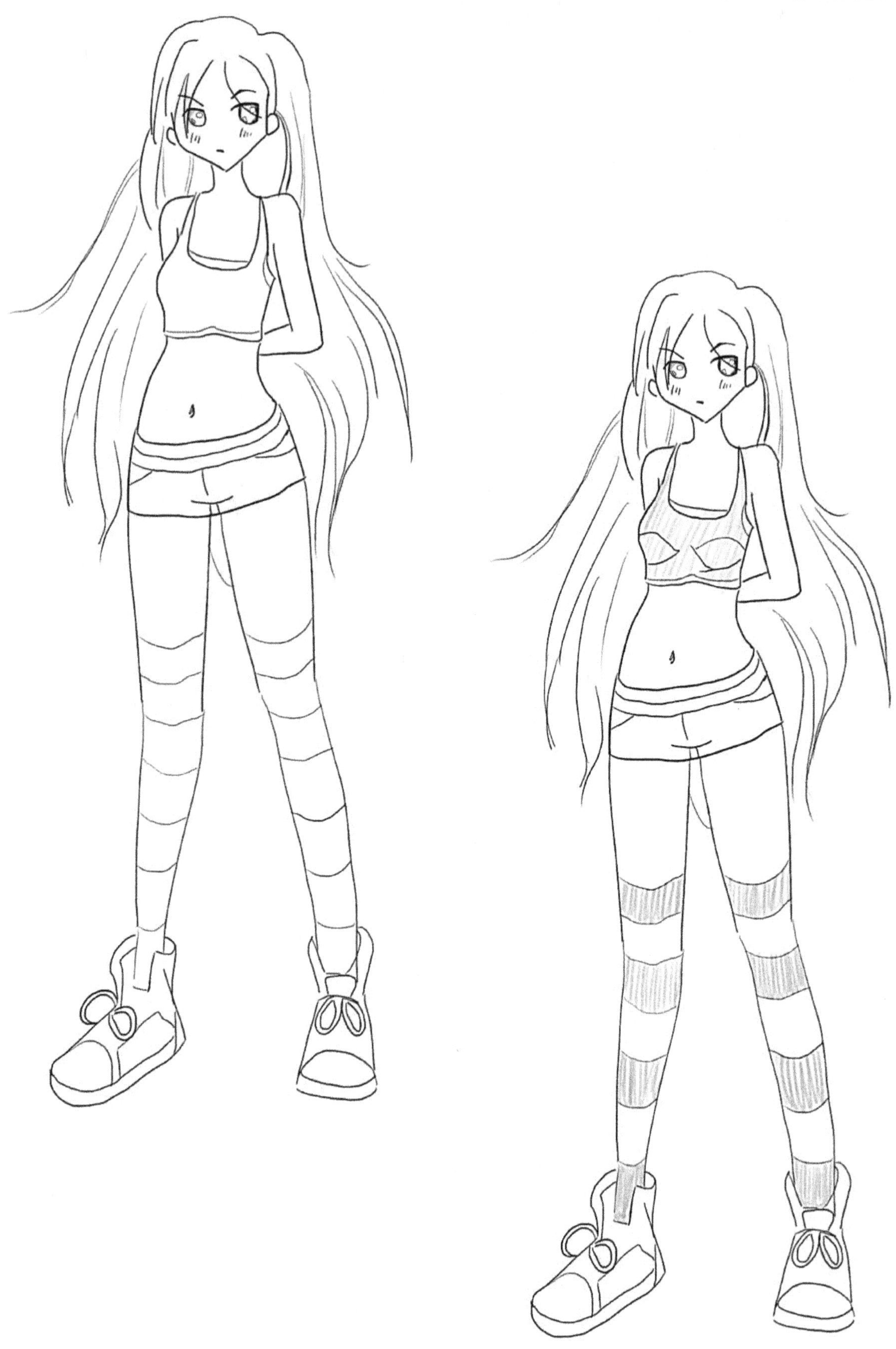

1. ZEICHNEN SIE DIE UMRISSE DES GESICHTS, DANN DIE AUGEN UND DIE MASKE, UND BEGINNEN SIE DANN MIT DEM ZEICHNEN DER HAARE.

2. FAHREN SIE MIT DEN RESTLICHEN HAAREN FORT.

3. ZEICHNEN SIE DIE AUGEN DETAILGENAU.

4. ZEICHENN SIE DEN REST DER HAARE.

5. BEENDEN SIE DIE HAARE UND ZEICHNEN SIE STACHELN AUF DIE MASKE.

6. ZEICHNEN SIE AM HALS EINE LINIE.

7. FÜGEN SIE SCHATTIERUNGEN HINZU.

1. ZEICHNEN SIE DEN KOPF, DANN DIE OHREN, AUGEN UND DEN MUND.

2. FÜGEN SIE DEN KÖRPER, DIE ARME, DIE BEINE, DEN SCHWANZ UND DEN BAUCH HINZU. VERGESSEN SIE NICHT DIE LINIE IM MUND FÜR DIE ZUNGE.

1. ZEICHNEN SIE DEN KOPF, DIE OHREN, DIE AUGEN UND DEN MUND. FÜGEN SIE DEM GESICHT KURZE STRICHE AUF DEN WANGEN HINZU.

2. FÜGEN SIE DANN DEN KÖRPER, ARME, BEINE, SCHWANZ UND BAUCH HINZU.

1. ZEICHNEN SIE EINEN KREIS, FÜGEN SIE DANN EINEN HALS HINZU UND DANN NACH UND NACH DIE UMRISSE DES GESICHTS HINZU.

2. ZEICHNEN SIE DEN PONY UND DIE AUGEN EIN.

3. ZEICHNEN SIE DIE AUGEN DETAILLIERTER, UND FÜGEN SIE DANN HAARE UND EIN OHR HINZU.

4. ZEICHNEN SIE DIE HAARE AM HINTERKOPF ETWAS DETAILLIERTER. FÜGEN SIE DIE SCHULTERN UND EIN HAARBAND HINZU.
5. ZEICHNEN SIE EINEN ZOPF.

1. ZEICHNEN SIE EINEN KREIS UND FÜGEN SIE DANN HAARE UND OHR HINZU.
2. RADIEREN SIE DEN NICHT-BENÖTIGTEN TEIL DES KREISES WEG UND ZEICHNEN SIE DEN HALS.

3. FÜGEN SIE EINE SCHLEIFE UND EINE WANGE HINZU, UND FANGEN SIE DANN AN, DEN KÖRPER UND DIE ARME ZU ZEICHNEN.

4. ZEICHNEN SIE DIE BEINE UND VERGESSEN SIE DEN BAUCHNABEL NICHT.

5. ZEICHNEN SIE DIE AUGEN NUN DETAILLIERT, UND FÜGEN SIE ZWEI SCHWERTER HINZU.

6. ZEICHNEN SIE DIE HAARE DETAILGENAUER, UND FÜGEN SIE DANN DIE HAARE AM HINTERKOPF HINZU.

7. ZEICHNEN SIE KLINGEN AN DIE SCHWERTER.

8. ZEICHNEN SIE DIE KLEIDUNG DETAILLIERTER, UND FÄRBEN SIE DIE ZEICHNUNG EIN.

1. ZEICHNEN SIE EINEN KREIS, UND ZEICHNEN SIE DANN HAARE, AUGEN, AUGENBRAUEN UND MUND EIN.

2. ZIEHEN SIE DIE GESCHWUNGENEN LINIEN AM KOPF, DANN DIE LINIE AN HALS UND ARM UND BEGINNEN SIE DEN KÖRPER ZU ZEICHNEN.

3. ZEICHNEN SIE DEN ROCK

4. ZEICHNEN SIE DANN DIE BEINE, FÜGEN SIE DIE ZÖPFE HINZU UND FÄRBEN DIE ZEICHNUNG EIN.

1. ZEICHNEN SIE DIE GESICHTSZÜGE, DANN DIE HAARE, DAS OHR UND DEN HALS.

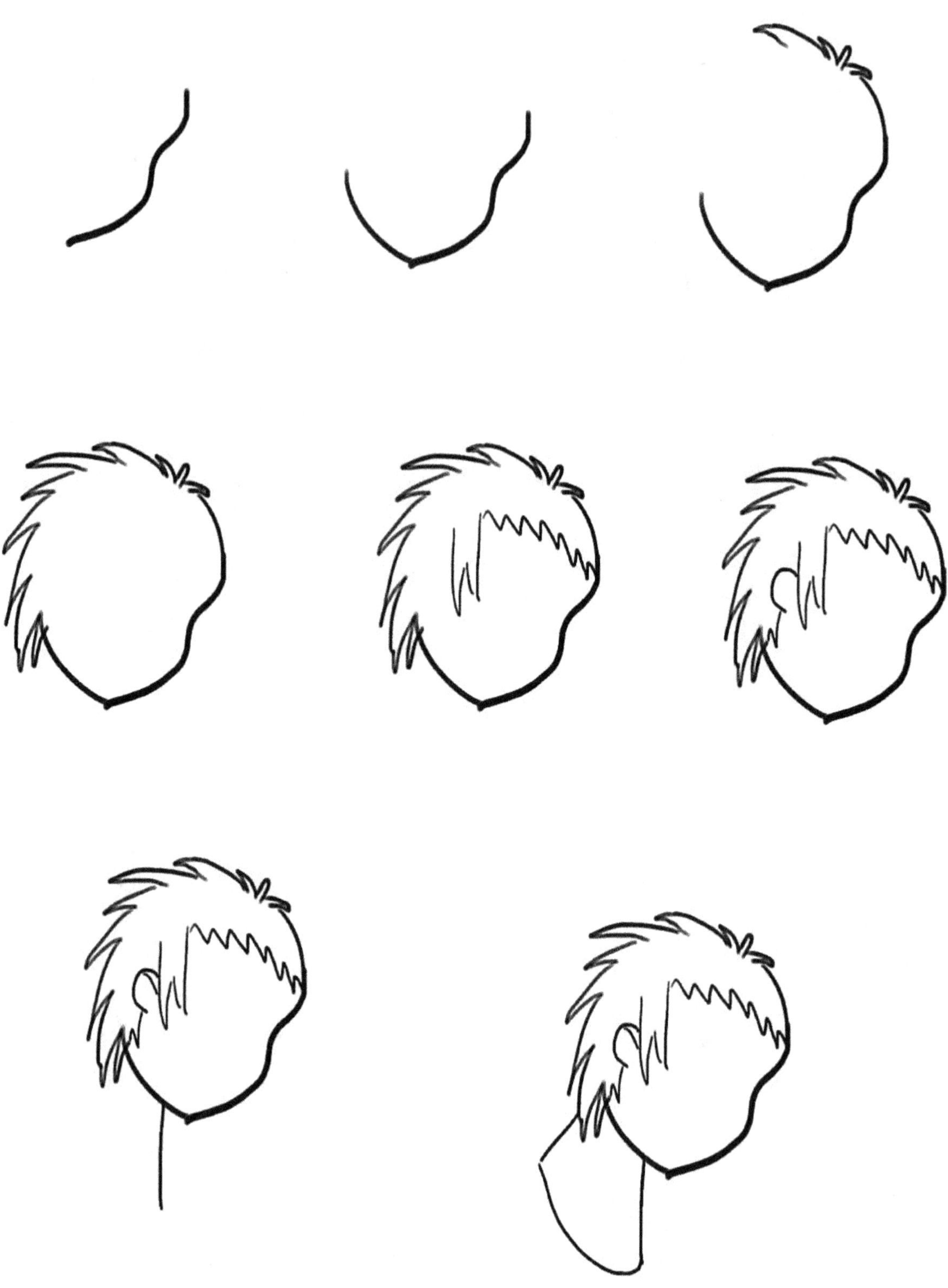

2. ZEICHNEN SIE DIE BRUST UND DEN SCHULTERN.

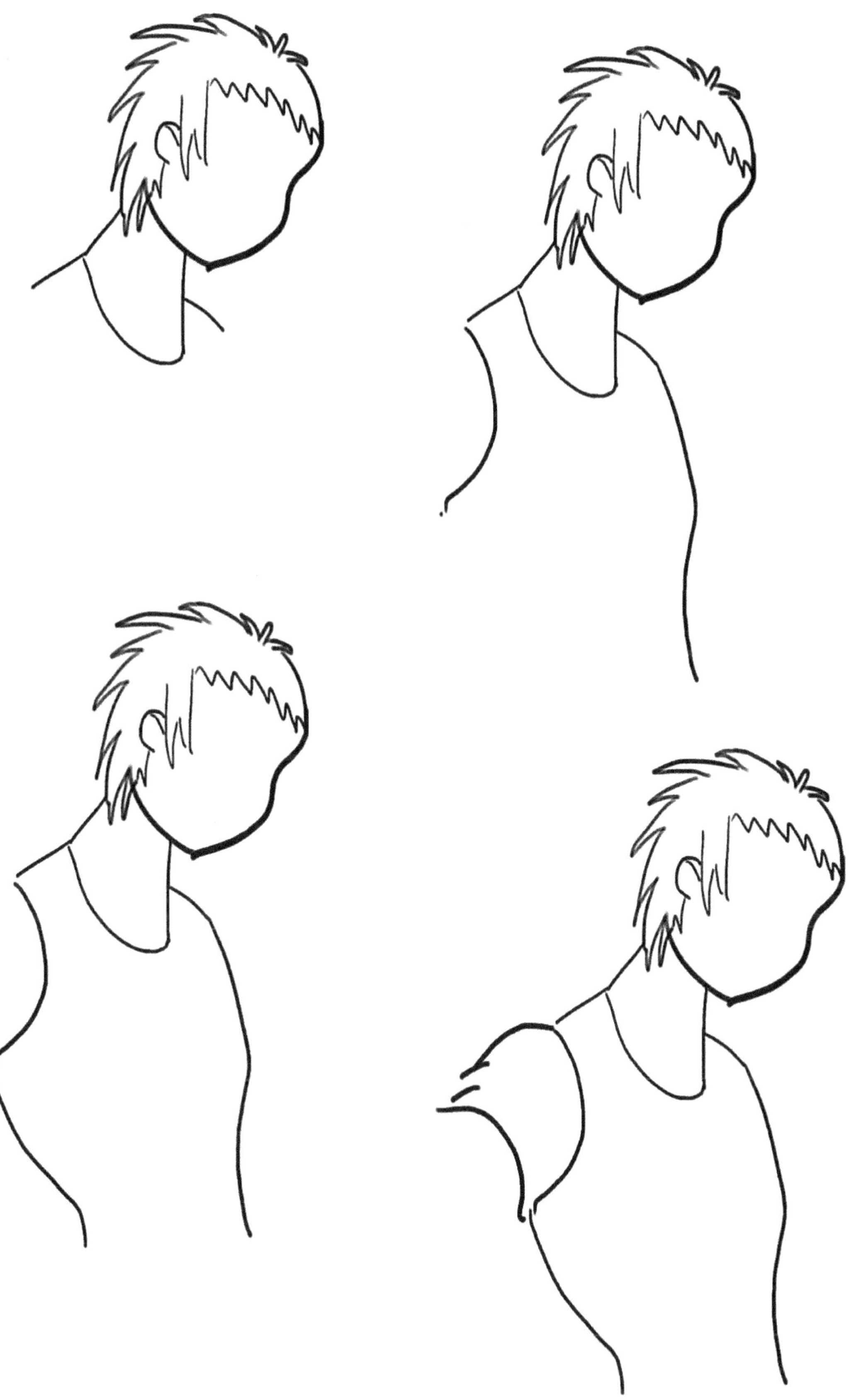

3. ZEICHNEN SIE NACH UND NACH DIE HÄNDE EIN.

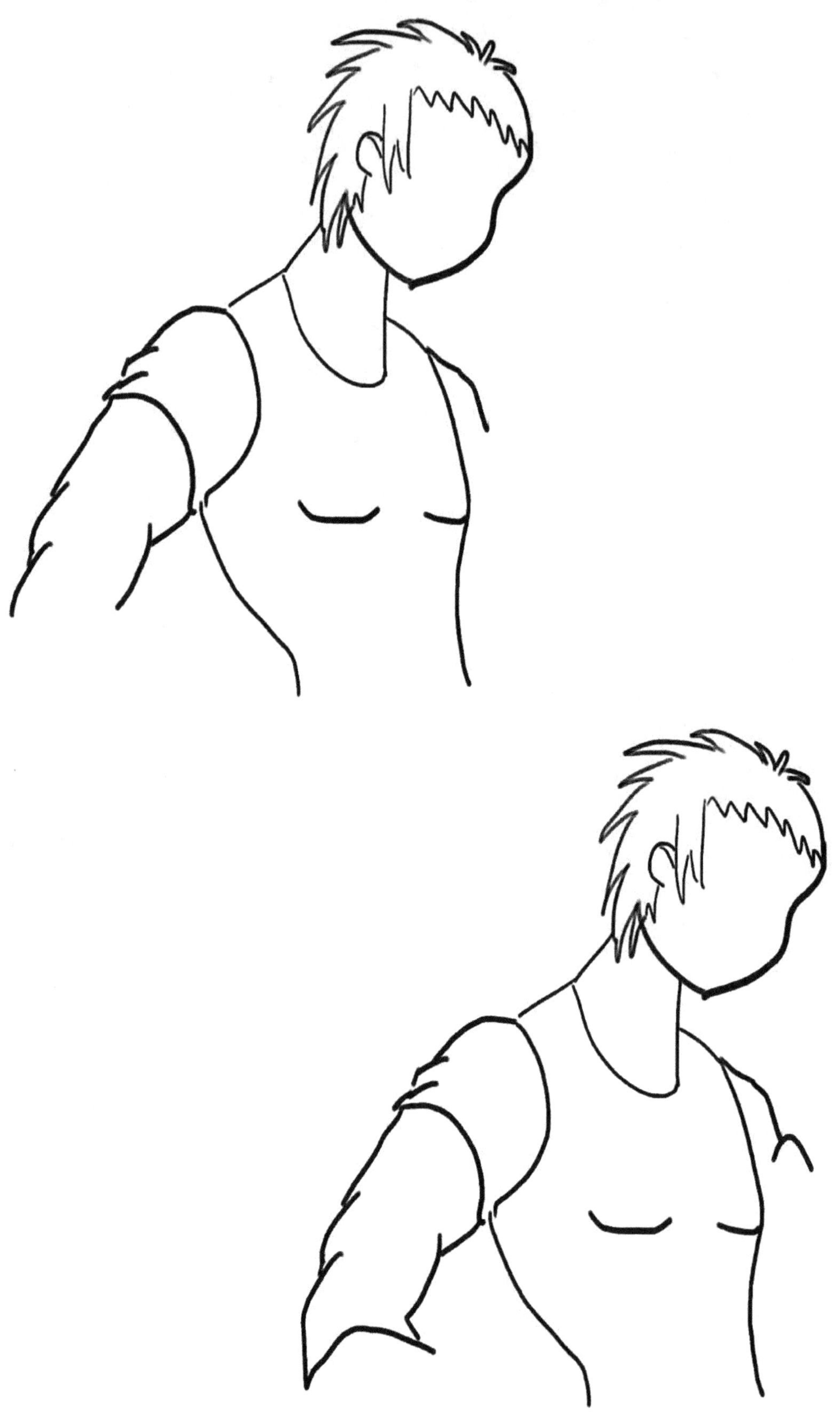

4. SETZEN SIE DAS ZEICHNEN DER HÄNDE WÄHREND DER NÄCHSTEN ZEICHNUNGEN FORT.

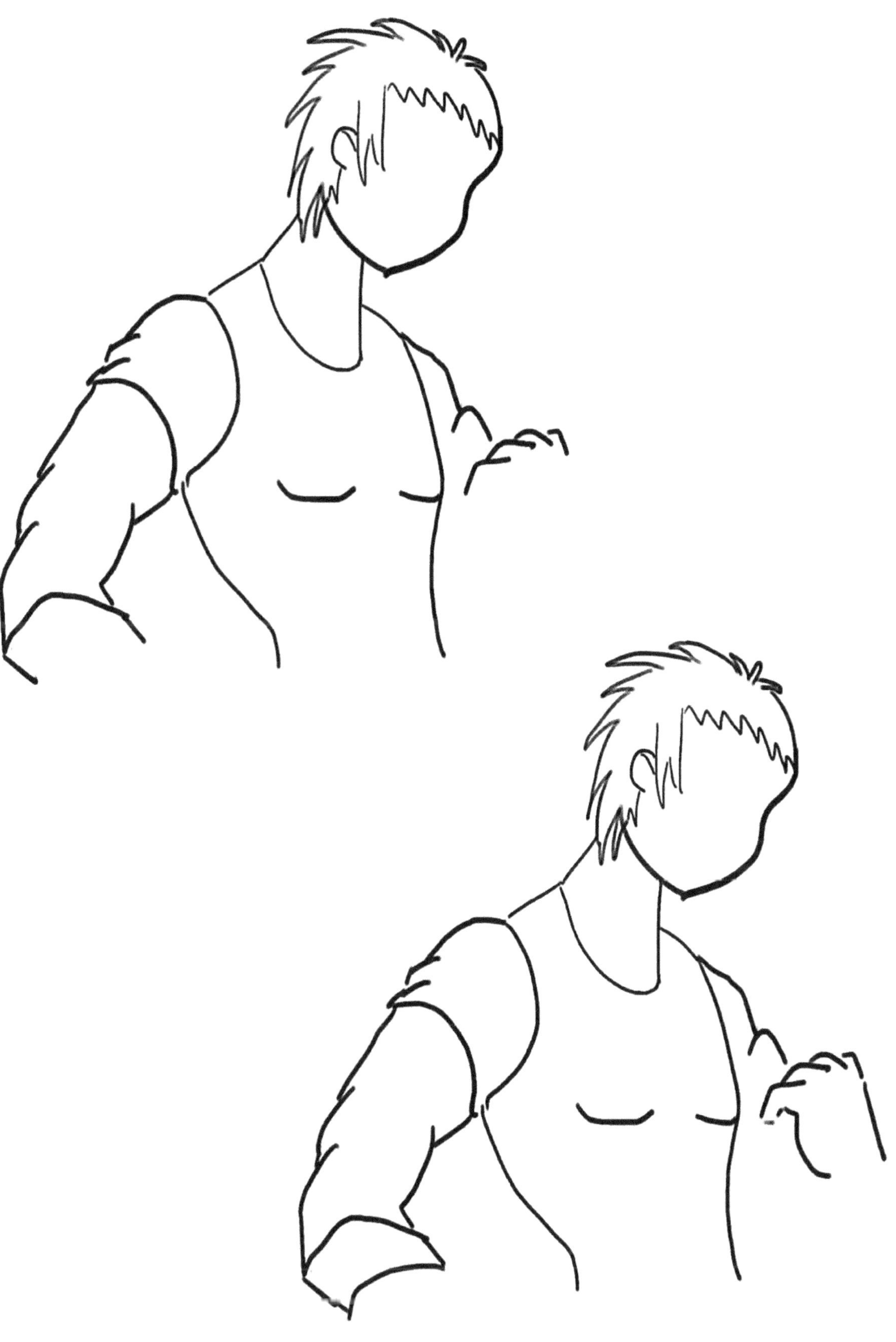

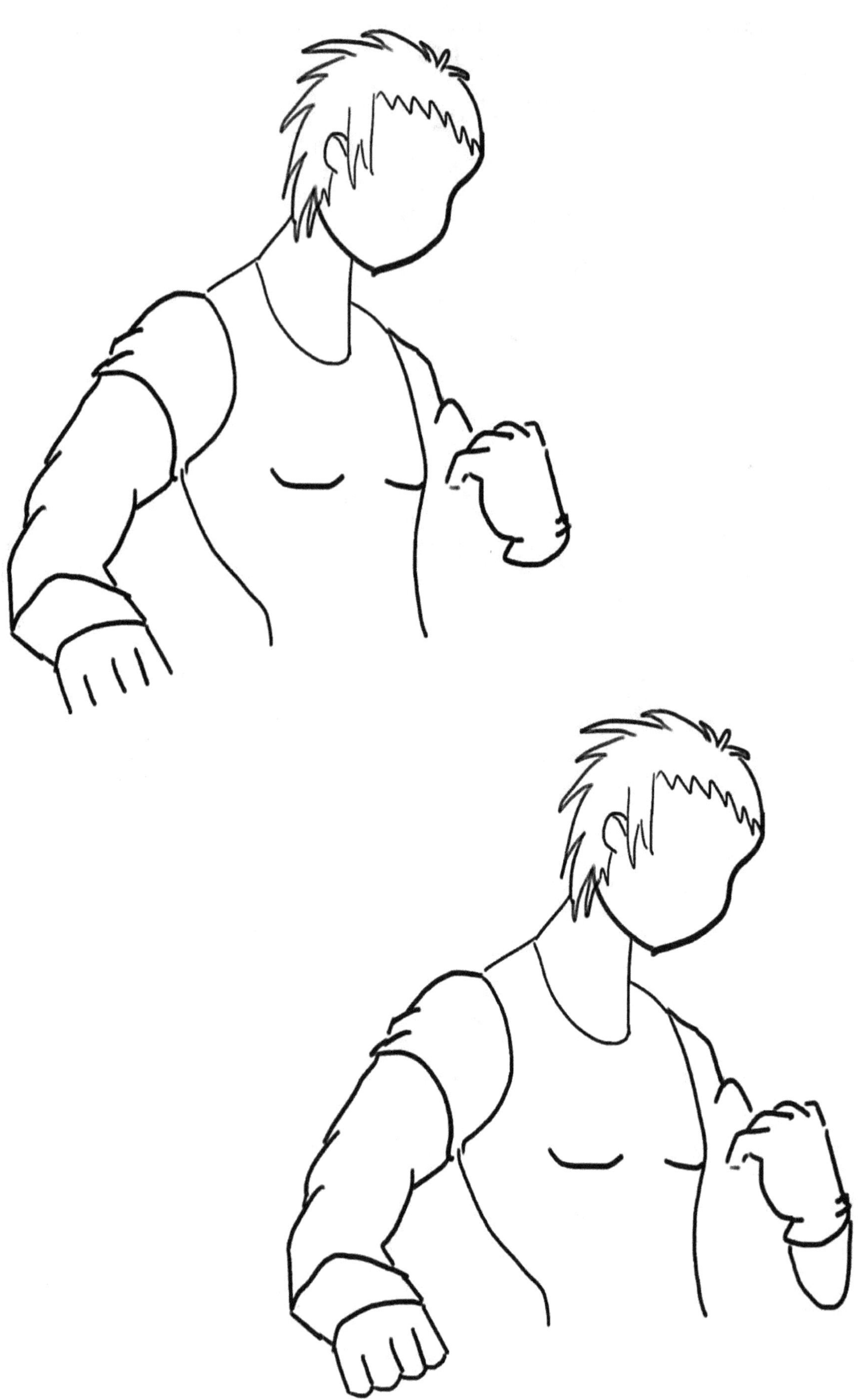

5. JETZT, WO DIE HÄNDE FERTIG SIND, KÖNNEN SIE DEN STOCK FERTIG ZEICHNEN, DANN RADIEREN SIE UNNÖTIGE LINIEN HINTER DEM STOCK WEG.

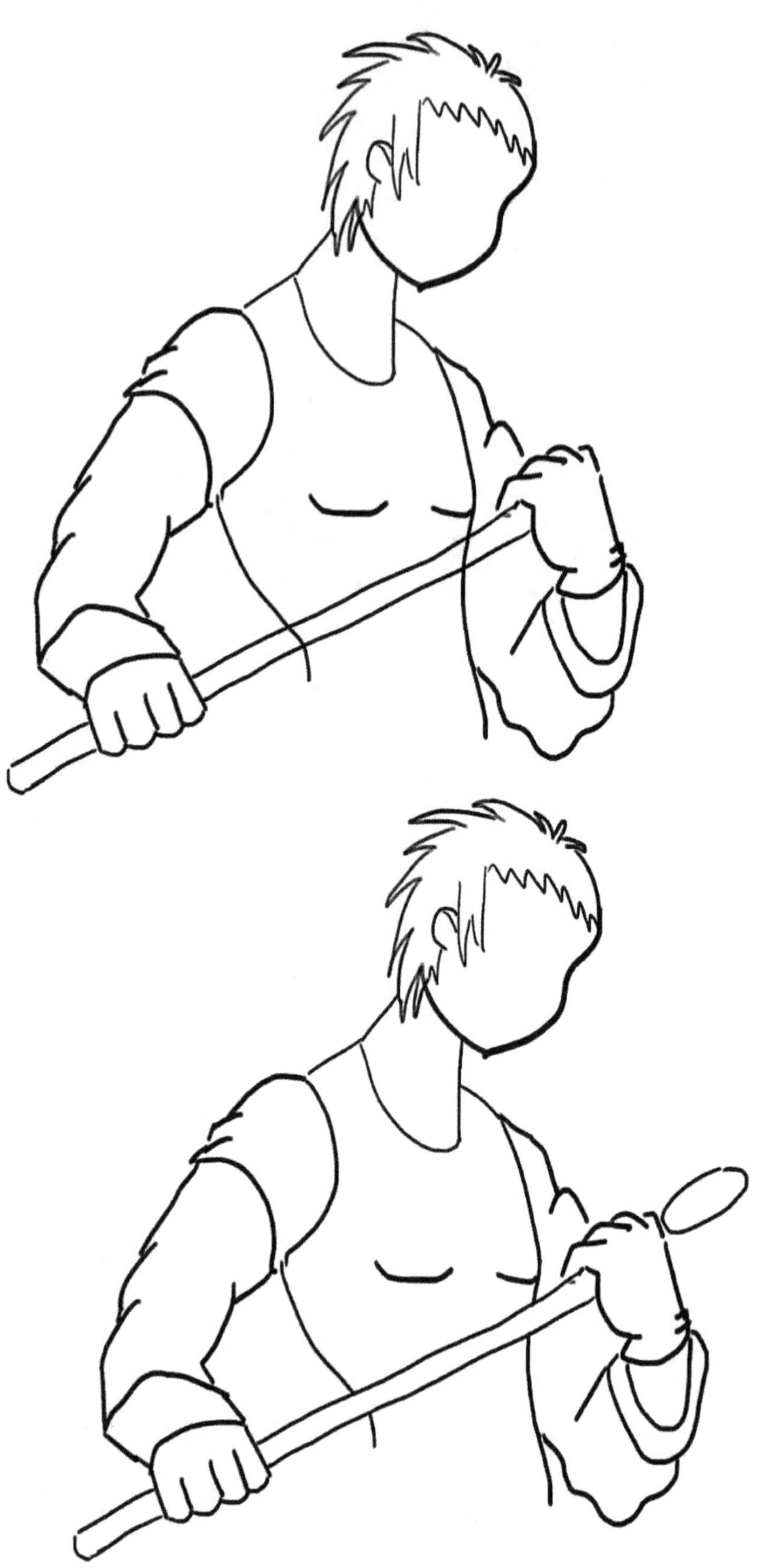

6. BEI DEN NÄCHSTEN ZEICHNUNGEN FÜGEN SIE DEM STOCK EINE SPITZE (SPEER/AXT) HINZU.

7. ZEICHNEN SIE DEN GÜRTEL UND DIE NASE.

8. UND NUN DIE AUGEN, DIE AUGENBRAUEN UND DEN MUND

9. ZEICHNEN SIE DIE AUGEN DETAILLIERTER.
10. DIE ZEICHNUNG IST FERTIG. JETZT MÜSSEN SIE SIE NUR NOCH FARBIG AUSMALEN.

www.ingramcontent.com/pod-product-compliance
Lightning Source LLC
LaVergne TN
LVHW080044170826
845677LV00024B/1601
9798502650823